1re Année. — N° 2. 15 centimes. Juin 1900.

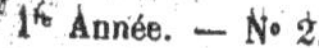

L'HYGIENE des SPORTS

Revue Mensuelle Sportive, Médicale et Littéraire

Rédacteur en chef :

Docteur MAISTRE

Adresser toutes communications à M. le Directeur

ADMINISTRATION ET RÉDACTION
13, rue de Poissy, PARIS

ABONNEMENTS
FRANCE : Un An 2 fr 50. — ÉTRANGER : 5 fr.

1re Année. — N° 2. 15 centimes. Juin 1900

L'Hygiène des Sports

REVUE MENSUELLE SPORTIVE, MÉDICALE ET LITTÉRAIRE

Corridas de muerte.

Nous croyons sincèrement que les *corridas de muerte* n'obtiendront pas droit de cité à Paris ou dans ses environs. Dans le midi, il n'en va pas de même. Il y a là une question de mœurs, plus complexe que ne l'imaginent les farouches antagonistes, torocides et torophiles, prêts à substituer aux corridas le spectacle terrifiant de leur gladiatorisme.

La corrida ibérique en son essence exige la mise en scène habile, le soleil fulgurant de Castille, les costumes polychromes de temps héroïques. La savante combinaison des couleurs, l'instinct guerrier des fils du Cid, la violence impétueuse, le goût du sang répandu et sa senteur affolante grisent les cérébralités inférieures du *panem et circenses people*.

Le Temps, héros tranquille à légendaire barbe blanche, d'un coup de râteau symbolique a nivelé les renflements temporaux — vestibules du sanguinarisme ancestral — et si l'hygiène et les sports semblent prendre une place prépondérante en ce siècle naissant, il faut convenir que c'est en vue de la santé et du développement physique, — *mens sana in corpore sano* — tendances exclusives de toute barbarie.

Est-ce à dire qu'il n'y ait aucun courage dans le jeu téméraire du matador, et que la *corrida* ne soit qu'une immense tartarinade? Non. Lorsque, comme à Deuil, par exemple, on voit Félix Robert donner l'estocade, disparaître sous le mufle de l'animal en fureur et, étendu sur le sol, éviter à grand'peine les fougueux coups de corne que distribue çà et là le taureau, une angoisse pénible est ressentie et l'on pense que l'homme qui affronte ce danger n'est pas un lâche.

Il se dégage à ce moment une impression de grandeur tragique, un frisson de mort qui retient, haletante, la respiration du plus sceptique des spectateurs.

De même, à l'ouverture de la représentation, on est empoigné par le côté grandiose de la partie spectaculaire. On est ravi du *paseo*, défilé merveilleux où l'on voit tour à tour passer les *alguazils*, costumés tels ceux de Charles-Quint, chevauchant sur de fringants chevaux ; — les chefs de *cuadrillas*, vêtus de collante *fashion;* les *picadors*, les *banderilleros*, les *puntilleros* et les chevaux d'arrastre recouverts de pompons rouges.

Mais après avoir satisfait les tendances instinctives de notre latinité pour la mise en scène, les couleurs voyantes, les cris et les combats, nul ne pourra nier l'écœurement ressenti à la vue de tout ce personnel — bêtes et gens — en joute contre un taureau. Toreros, picadors, banderilleros assaillent, provoquent, irritent et blessent le sauvage pensionnaire de la *ganadaria*.

Chevaux éventrés, cavaliers désarçonnés, le sang coule, les entrailles des chevaux pendent à terre et le taureau, saignant de toutes parts, court affolé dans l'arène.

Une frénésie irrésistible s'empare des spectateurs et des acteurs. Les yeux brillent, féroces, vers la lice où, fou de douleur et de rage, le taureau résiste à ses tourmenteurs. Une clameur s'élève : « La mort ! la mort ! »

Est-ce là un spectacle moralisateur ?

Nous faisons, certes, la part de toute exagération. Il est facile d'échapper à la contagion tauromachique en s'abstenant d'assister aux *corridas*. La liberté guérit plus vite que l'ostracisme et les représailles.

Si l'on désapprouve ces représentations, il est plus simple de rester chez soi que de venir, armé d'un revolver, brûler la cervelle du toréador qui exerce une profession justifiée par l'existence des arènes. De là à tuer un acteur qui joue un rôle antipathique dans quelque sombre drame d'Ambigu, il n'y a qu'un pas qui serait vite franchi par nos terribles redresseurs de torts. En fait, la représentation sur une scène, devant un public peu choisi, de l'assassinat d'un être humain avec trémolos à l'orchestre, nous paraît autrement dangereux pour la moralité d'un pays.

Restons donc nous-mêmes. Méfions-nous du faux sentimentalisme de certains « amis des bêtes » dont l'amour débordant pour la gent animale ne laisse plus, en leur cœur, la moindre place pour l'amour d'autrui, leur co-bipède.

On peut à notre époque se décerner facilement un brevet de sentimentalisme. Mme Huot a fort amusé deux générations avec ses invectives antivivisectionnistes.

Elle aurait dévoré Pasteur, qui nous a laissé une œuvre immortelle, pour sauver quelques cobayes.

Mlle Neyrat, qui lui succède dans ce genre, n'est pas moins typique. L'œil en feu, dans une attitude guerrière, la taille haut cambrée — telle une déesse antique défiant quelque Minotaure — elle veut à la tête de ses troupes marcher à l'assaut de la Corrida. Cette brave demoiselle pleurerait d'abondance si l'on privait de mou quelque minet à l'épaisse fourrure, mais, sur un *simple soupçon*, elle fait infliger trois ans de prison à sa femme de chambre. Moralité : la douleur humaine ne peut atteindre un cœur trop prompt à s'émouvoir de la douleur animale.

Pour conclure, nous dirons que la violence ne peut pas supprimer le goût de certaines gens pour les spectacles un tantinet cruels. C'est par la démonstration de leur inutilité, l'élévation de la morale publique et le développement des sports sains et utiles, que l'on tarira, dans l'âme humaine, le levain de férocité qui nous fait parfois ressembler à nos parents inférieurs : les bêtes.

Jean KINAPPE.

La Visite à l'Exposition.

Nous publierons dans nos prochains numéros une série d'articles consacrés à l'Exposition des Sports et des appareils, découvertes et procédés intéressant l'hygiène du foyer et du plein air.

Nous avons pensé être utile à nos lecteurs de province et de l'étranger, en dressant un petit guide leur permettant d'économiser leur temps et de visiter, utilement, le vaste caravansérail que Paris offre à leur admiration.

EN UN JOUR

Entrer par la grande porte des Champs-Elysées, avenue Nicolas II, qui donne immédiatement accès à la nouvelle avenue, ne pas manquer de s'arrêter un instant devant le merveilleux coup d'œil qui s'offre devant nous. A droite le Grand Palais, à gauche le Petit Palais. Le visiteur qui ne dispose que d'une seule journée ne doit évidemment pas s'arrêter à tous les détails des exhibitions qui s'offrent devant lui, mais chercher à acquérir une idée d'ensemble qui lui donne une notion générale de ce qu'est l'Exposition.

Le Grand Palais. — Entrer par la porte du milieu et traverser la piste pour voir le grand escalier qui est un des plus beaux exemples de la ferronnerie moderne, faire un tour rapide au rez-de-chaussée et ressortir en prenant la même porte par laquelle on est entré.

Traverser l'Avenue et visiter rapidement le Petit Palais; se contenter pour ce premier jour de voir les deux salles de la façade et jeter un coup d'œil sur la cour en hémicycle intérieur.

Longer la Seine sur la rive droite jusqu'au pavillon de la ville de Paris. On arrive ainsi au Palais de l'Horticulture, on s'y arrête un instant ; c'est une merveille florale.

Traverser les anciennes bâtisses de cette merveilleuse reconstitution artistique pour arriver au Trocadéro, jeter en passant un coup d'œil sur le bassin des yachts construit sur la Seine, voir entre autres le pavillon des Indes anglaises, celui de la Néerlande et la reproduction du temple de Boldœbœder, le pavillon du Transvaal et celui de la Sibérie.

Traverser la place et descendre vers la Seine, passer entre les deux groupes d'édifices appartenant à l'Algérie.

Déjeuner dans un restaurant à gauche de la Tour Eiffel.

Puis, visite du Champ-de-Mars, du Palais des Sciences, Lettres et Arts, Moyens de Transport, jusqu'au Palais des Industries et d'où nous sortirons par la porte qui donne sur le jardin de l'Exposition.

Admirons la cascade du Château d'Eau et le Palais de l'Electricité, puis recommençons à gauche du Champ-de-Mars l'excursion que nous avons faite à droite. Nous verrons ainsi le Palais des industries du fil et le Palais des Mines.

Arrivé sur les berges de la Seine, prenons le chemin de fer ou la plate-forme mobile qui nous mènera à l'entrée du pont d'Iéna où commence la série des Pavillons étrangers, là se déroule l'ensemble des Palais de la rive droite (Palais des Congrès, de l'Horticulture et de la Ville de Paris).

Ensuite, visite de l'Esplanade des Invalides. Remonter l'avenue centrale et admirer les deux Palais, celui de la rue Faber et celui de la rue de Constantine jusqu'à la rue de Grenelle et revenir sur ses pas en traversant le Palais de la rue de Constantine où se trouvent réunies les industries les plus diverses ; on passe devant le Palais des Manufactures nationales situé près de la gare des Invalides dont la façade est momentanément cachée. Au-dessous des jardins est construite la gare en sous sol et qui est destinée à devenir le point terminus des lignes de l'Ouest.

Traverser ensuite le pont Alexandre III.

Avant de quitter l'Exposition, contempler une dernière fois le coup d'œil d'ensemble du Palais des Champs-Elysées, du Pont et du Palais des Invalides.

Sortie par la porte monumentale de la place de la Concorde.

EN DEUX JOURS

Le premier jour, suivre l'itinéraire indiqué ci-dessus pour la visite en un jour.

La matinée du deuxième jour, entrer par la porte du quai d'Orsay, visiter tous les palais des sections étrangères en s'arrêtant, notamment, au pavillon de la Perse, dont l'exposition de tapis, perles fines, turquoises, orfévrerie attire un grand nombre de visiteurs.

Déjeuner au café-restaurant du Pavillon royal d'Espagne, exploité par la Société française « La Feria », dont la réputation est bien connue.

L'après-midi, entrer par la porte du pont de l'Alma, sur le Cours-la-Reine, visiter toutes les attractions de la rue de Paris, notamment la maison du Rire et les tableaux vivants d'Armand Sylvestre.

Dîner au café-restaurant de l'Aquarium de Paris.
Passer la soirée au Vieux-Paris, quai de Billy.

EN TROIS JOURS

1re journée. — Les Champs-Elysées et les Invalides. Entrer par la Porte Monumentale de la place de la Concorde et consacrer toute la matinée à la visite des deux Palais.

Pénétrer dans le Grand Palais par la porte principale de l'avenue et faire le tour de la piste du rez-de-chaussée.

Consacrer une autre heure à visiter les expositions de peinture du premier étage, et sortir du Palais par la porte postérieure donnant sur l'avenue d'Antin.

Faire le tour du Palais et revenir à la grande Avenue pour arriver au Petit Palais dont la visite peut se faire rapidement.

Déjeuner sur la berge de la Seine au restaurant construit au milieu de rochers, au pied de la culée droite du pont Alexandre.

Traversée du pont Alexandre III.

Arrivée sur l'esplanade des Invalides ; visiter le Palais des Manufactures nationales et remonter jusqu'à la rue de Grenelle ; redescendre la rue centrale où sont situés les palais Faber et Constantine.

Visiter ensuite les palais situés à gauche.

2e journée. — Les berges de la Seine et le Trocadéro.

Commencer la visite des pavillons étrangers par le pavillon de l'Italie, sur la rive gauche, au coin du pont des Invalides.

Poursuivre la visite jusqu'au pavillon de la Guerre et traverser la Seine sur la passerelle construite exprès pour l'Exposition : on trouve sur la rive droite, au débouché de cette passerelle, un grand bouillon-restaurant.

Après déjeuner, se rendre directement au Trocadéro en regardant au passage le pont construit sur la Seine. Au Trocadéro, visite des expositions coloniales.

Voir aussi les pavillons algériens. Le Vieux-Paris mérite de suite une visite d'*une heure.* Et surtout, on visite le Palais des Congrès, le Palais de l'Horticulture et le Pavillon de la Ville de Paris et les Attractions de la rue de Paris.

3e journée. — Champs de Mars. — Consacrer la matinée aux attractions centralisées près de la Tour Eiffel en commençant par le Pavillon du Creusot ; nous passerons une demi-heure au Tour du Monde, une autre demi-heure au Palais du Costume ; puis nous passerons sous la Tour pour arriver au chalet de l'Optique où se trouve la gigantesque lunette qui permet de voir la lune à 58 kilomètres de distance ; le Globe Céleste nous demandera une heure bien employée pour le visiter.

Déjeuner au pied de la Tour Eiffel ou au premier étage de la Tour. Le reste de l'après-midi doit être consacré à visiter les galeries et les Palais du Champ-de-Mars.

L'Initiative contre la Routine.

Dans les « Entretiens économiques et financiers », L. Malville après avoir examiné la situation actuelle de l'automobile en France, au point de vue financier, ajoute :

Nous voilà loin du temps où les capitaux méfiants n'osaient point sortir du bas de laine pour tenter la moindre entreprise de transport. Et cela nous fait songer à la première affaire de ce genre qui ait été engagée et dont on vient de retrouver des traces.

Il faut remonter en 1823. A cette date s'établit à Nantes, dans un faubourg, un moulin à vapeur dirigé par M. Stanislas Baudry. Ce moulin était actionné par des machines à vapeur à condensation et M. Baudry utilisa cette eau de condensation à un établissement important de bains publics qu'il adjoignit à son usine. L'eau chaude, après avoir été filtrée, servait au service des bains.

Mais ces bains, quoique au bas prix de 50 centimes, étaient situés loin du centre de la ville, ce qui détournait le public. M. Baudry, pour attirer le monde, envoya sur la place du Commerce une voiture qui, portant l'adresse des « Bains de Richebourg », amenait les amateurs moyennant 0 fr. 15. Cette voiture fut établie au commencement de 1826. Mais le conducteur s'aperçut bientôt que d'autres personnes que les baigneurs profitaient de cette voiture pour venir dans le faubourg Richebourg, attirées par l'importance des affaires qu'elles pouvaient y faire. Cette rue, en effet, renfermait alors 14 raffineries de sucre.

M. Baudry eut alors l'idée d'employer une voiture publique à favoriser les relations des négociants entre eux, et c'est ainsi que se fondèrent les premières voitures qu'on appela « Voitures des Dames blanches, dites omnibus ».

Cette entreprise fut créée au capital de 5,000 francs, divisé en 50 actions de 100 francs, sur lesquelles M. Baudry en souscrivit 10, et elle fut présentée au public nantais dans les termes d'un prospectus remis il y a peu d'années aux archives municipales de Nantes.

M. Baudry vendit, deux ans après son entreprise à une Société d'omnibus à Paris, qu'il était allé fonder dans cette ville. Il avait réalisé 8,233 francs de bénéfices pour 16 mois d'exploitation, ce qui était un résultat que, toutes proportions gardées, nous souhaitons à toutes les entreprises de transport.

Ah ! Qui dira l'éternelle histoire des industries nouvelles et l'éternelle timidité des capitaux français !

LA LIQUEUR DU CYCLISTE

Du Pepto-Kola

Il est de notoriété courante que les animaux coureurs sont sobres par excellence ; l'exemple du chameau est présent à tous les esprits. Ceux qui ne sont point sobres par instinct sont rendus tels par le régime qu'on leur impose ainsi qu'il arrive pour le cheval de course.

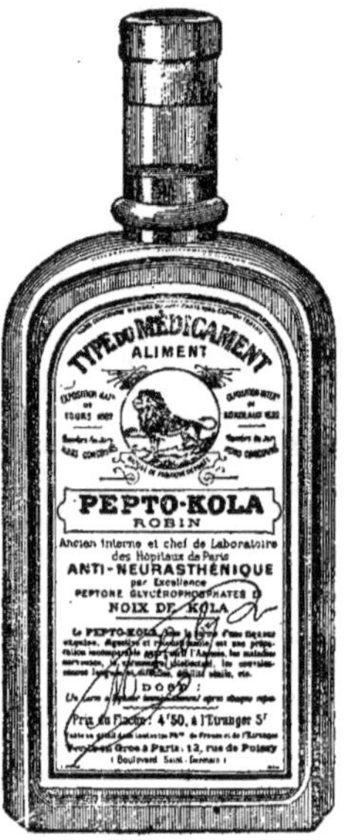

En sa qualité d'animal raisonnable, l'homme a dû se soumettre à cette formule : chaque fois qu'il a voulu devenir, sous une forme ou une autre, un coureur dans le bon et le vrai sens du mot. Pour soutenir une marche rapide, une course prolongée, il faut donc boire peu, le moins possible. Il y a beau temps que les professionnels de la marche se sont imposé cette règle.

Il faut cependant boire quelque chose. Ce n'est donc pas une question oiseuse que celle qui se pose dans ces termes : Quelle est la boisson idéale du touriste?

Quand un cheval doit fournir un travail exceptionnel, sous forme d'une course à la fois rapide et prolongée, on ne se contente pas toujours de lui forcer sa ration d'avoine — l'avoine est à la fois un *aliment* et un *excitant* pour le plus noble des coursiers — on lui fait absorber, en outre, une boisson excitante, en lui administrant du pain trempé dans du vin blanc, sous forme de champagne. Des pratiques de ce genre ont cours parmi les vélocipédistes qui s'entraînent à franchir de grandes distances, mais la nature de la boisson stimulante varie suivant les goûts et les habitudes. Les uns préfèrent le café noir, d'autres le vin blanc ou le bon bordeaux, d'autres un jaune d'œuf battu dans du madère; d'autres s'en tiennent au bouillon ou au lait. Le jaune d'œuf battu dans du madère mérite une mention spéciale : c'est un breuvage à la fois *stimulant, tonique et alimentaire*, c'est-à-dire qu'il remplit les trois qualités exigibles d'une boisson destinée aux touristes.

En effet, le touriste en train de fournir une longue course exige de ses muscles un effort extraordinaire comme durée et comme somme de travail; au surplus, le muscle ne se contracte pas sans l'intervention du système nerveux. On conçoit donc l'utilité sinon la nécessité d'un stimulant qui agisse sur les muscles et les nerfs, en maintenant l'excitabilité de ces organes au delà de sa durée habituelle. L'alcool de bonne qualité, pris à faible dose, et à des intervalles éloignés, produit ce résultat. Mais quand les muscles et les nerfs fonctionnent d'une façon démesurée, ils se dénourrissent en conséquence. Nous connaissons des produits végétaux, tels que le café, le thé qui, tout en stimulant les nerfs et les muscles, restreignent leur usure; c'est pourquoi on a nommé ces produits des *antidéperditeurs* ou des *agents d'épargne*.

De tous les antidéperditeurs que nous connaissons, le plus actif est la *noix de kola*, originaire de l'Afrique, qui a sur le café et le thé l'avantage de ne pas empêcher le sommeil. Les préparations à base de kola ont donc été vantées à juste titre pour les services qu'elles sont susceptibles de rendre aux sportsmen. Encore faut-il qu'elles soient authentiques, c'est-à-dire fabriquées avec des vraies noix de kola et avec des noix fraiches, ce qui est rarement le cas.

Suffit-il de fournir un stimulant aux muscles et aux nerfs, et de réduire l'usure de ces organes à un minimum chez une personne qui produit une somme considérable de travail musculaire, non pas une fois par hasard, mais plusieurs jours de suite et souvent? Non; il faut encore lui fournir des aliments qui soient très nourrissants, très substantiels, sous un faible poids et sous un faible volume, des aliments concentrés. Le type de ces aliments est la *peptone*, c'est-à-dire le produit de la digestion artificielle de la viande. Une liqueur qui contient de l'alcool de bon goût et de premier choix, qui renferme en outre de la peptone et de l'extrait de kola *préparé avec des noix de provenance directe* remplira donc les conditions exigibles d'une boisson alimentaire destinée aux sportsmen? Non pas toutes.

Dans les circonstances ordinaires, tous nos organes se dénourrissent dans une proportion fixe; ils trouvent les matériaux nécessaires à leur réparation dans les peptones et autres produits digestifs que fabriquent l'estomac et l'intestin. Chez le travailleur intellectuel, qui fatigue son cerveau, chez le marcheur qui impose à ses muscles une tâche exagérée, c'est surtout la matière nerveuse et la matière musculaire qui s'usent et se dénourrissent. Cette matière est riche en phosphore qui apparaît dans les urines à l'état de phosphates. Le touriste a donc besoin d un supplément de phosphates, dans son alimentation. Il y avait donc nécessité d'adjoindre des phosphates à la peptone et à l'extrait de kola, dans une boisson qui lui était destinée. Ces différents principes se trouvent précisément réunis dans le *pepto-kola* Robin, liqueur d'un goût délicieux, qui est de plus un tonique du cœur.

La question que nous avons posée au début de cet article peut donc être considérée comme définitivement tranchée. Le *pepto-kola* Robin est par excellence la liqueur de tous ceux qui se livrent à des exercices violents et qui veulent éviter une trop grande lassitude dangereuse pour la santé.

Il suffit de l'expérimenter une seule fois pour renoncer aux « liqueurs de fantaisie » — oh combien! — de nos distillateurs. Tous les sportsmen qui l'ont employé savent qu'on ne peut comparer le *pepto-kola* aux breuvages ordinaires qui portent des noms aussi baroques que leur composition. C'est pourquoi nous avons décidé M. Robin à offrir gratuitement à nos lecteurs un élégant flacon de poche avec un gobelet en métal qui sera cette saison, comme l'an dernier, le flacon du touriste, l'élixir qui stimule le système nerveux sans l'épuiser et donne aux muscles la vigueur nécessaire a ceux et à celles qui veulent avoir, selon l'expression admise, « du cœur à la course ».

Docteur Maistre.

Le PEPTO-KOLA ROBIN se trouve dans toutes les bonnes pharmacies. L'exiger pour l'obtenir.

La Bicyclette et le Café-Concert.

Paulus, oui Paulus, l'homme du café-concert, Paulus d'*En r'venant de la R'vue* ne se plaint que des méfaits de la bicyclette. Le *Soir* de Bruxelles nous donne l'écho de ses plaintes, et M. Daremberg qui les commente y ajoute les siennes.

« Oui, écrit Paulus, la bicyclette a fait le plus grand tort aux cafés-concerts, comme elle en fait du reste à l'équitation, au canotage et à la librairie. Il est absolument exact qu'on n'achète plus de chansons comme on n'achète plus de livres; mais il est aussi d'autres causes qui ont amené le déclin de cette chose charmante : la chanson!

« J'ose parler ici sans forfanterie, car je puis me vanter d'avoir été un honnête serviteur de la véritable chanson française, et je suis particulièrement fier du surnom de « populaire » qu'on m'a décerné. Et bien! tel un guerrier d'Homère qui n'est point satisfait de ce qui se passe dans le camp des Grecs, je me suis retiré sous ma tente, et patiemment j'attends avec philosophie que l'on revienne à mes idées. »

Cette préface, sous forme de lettre, était envoyée à l'auteur d'un livre, M. Léon Lacaze, un haut fonctionnaire d'administration civile, à Bordeaux, qui s'occupe beaucoup de questions d'art, et qui a voulu faire œuvre utile en faveur de cette partie si négligée de l'art lyrique.

Est-ce bien la bicyclette qui a tué le café-concert? qui a tué le théâtre, qui a tué la librairie? Cette petite machine est certes bien coupable, elle a déjà détruit l'élégance et le goût français, elle a d'abord tué beaucoup d'imprudents, elle a favorisé la débauche, détourné la femme de ses devoirs, elle a pénétré dans nos mœurs intimes, nous a dotés d'un langage particulièrement vulgaire et voyou. Mais, de grâce, mettons chaque chose à sa place et tâchons d'être justes. La bicyclette n'a tué ni le théâtre, ni le café-concert, ni la librairie. Ils se sont fort bien tués tout seuls, c'est un triple suicide, et rapidement exécuté encore.

Je vous demande un peu ce qui attire actuellement au théâtre, au café-concert, chez le libraire? Le théâtre était moralisateur, on allait puiser au spectacle de jolies leçons de probité, d'amour, d'histoire et que sais-je? On rentrait chez soi tout ému, et le roman actif qu'ils avaient vu procurait chez les jeunes cerveaux de salutaires impressions. Hélas! les braves gens qui faisaient les bonnes pièces sont morts. Le progrès, a marché, l'égoutier a pris possession de la scène, y étale les ordures quotidiennes de la vie. Les beaux côtés n'existent plus, c'est du drame, du sang, des adultères, des déshabillés galants, c'est le découragement et l'horreur pour le spectateur et la faillite pour le théâtre.

Au fond, on ne saurait plaindre les directeurs, c'est eux qui l'ont voulu. De même que l'égoutier est devenu auteur, de même le chanteur des cours est devenu directeur; l'un vaut l'autre, l'ignorance et la cupidité sont maîtresses de l'art. Débarrassé de l'intelligence, du goût, de l'art, le théâtre s'est anémié, il a fatalement succombé. Il n'y avait pas besoin de la bicyclette pour cela.

Le café-concert offrait un tréteau où des gens avec plus ou moins de voix, mais avec de la grâce et de la correction, venaient, dans un accompagnement de musique d'orchestre, dire des chansons morales, ironiques, fines ou simples, souvent populaires; leur diversité était d'un passe-temps agréable, on y conduisait toute la famille. C'était bien parfois un peu gaulois, mais sans impudicité, sans la prétention de faire rougir des singes.

On y allait beaucoup, parce qu'on pouvait consommer et que la soirée, somme toute, était moins coûteuse qu'au théâtre.

Quelle famille oserait aujourd'hui mettre les pieds au café-concert? Les artistes y sont sans goût, sans attitude, sans correction, les femmes y sont impudiques et s'appliquent aux gestes canailles. Il n'y a plus de voix, plus de grâce, mais des épaules et des gorges nues, mais des jambes et des retroussis à voir. La chanson n'existe plus et quand il y en a, elle est, comme au théâtre contemporain, le fruit d'un travail d'égoutier.

La salle est inabordable, devenue une affreuse et repoussante tabagie et toutes les filles s'y donnent rendez-vous. Le concert des chansons françaises s'est transformé en cabaret borgne. Voilà encore un suicide. La bicyclette n'y est pour rien.

Parlons de la librairie. Est-ce bien utile? Tout le monde ne sait-il pas de quel fatras les éditeurs, dans un but de lucre inexcusable, ont encombré la librairie? Autrefois il y avait des écrivains probes et consciencieux, moralistes ou amusants, ironiques ou psychologues, mais presque toujours honnêtes dans leurs convictions littéraires. Le public allait à la librairie comme à une école essentiellement agréable et profitable à sa vie, indispensable même; mais l'égoutier a transformé les mœurs de l'édition comme il avait transformé celles du théâtre et du café-concert et il a chassé le public honnête et loyal de toutes les écoles où il pouvait venir prendre des leçons de justice, des leçons d'art, des leçons du beau, du bon et du vrai.

Voilà la vérité dans le simple appareil qui lui convient; les cadavres de ce que nous aimions gisent, réunis en le suprême linceul, sous la botte malpropre du déverseur d'égouts publics et c'est peut-être ce qui a causé la vogue de cette petite machine pneumatique qui entraîne avec une vitesse vertigineuse les braves gens loin de spectacles aussi hideux.

En un clin d'œil, elle vous transporte tout là-bas, dans la campagne, hors de ces activités fiévreuses où se sont perdus le goût, l'appréciation saine des choses. Grâce à elle, on peut encore s'isoler des foyers malpropres, demander au silence, au calme reposant de la nature les leçons que ni le théâtre, ni le concert, ni le café-concert, ni les livres ne savent plus donner comme autrefois.

M. Léon Lacaze est l'auteur d'un livre très intéressant et nous le remercions de nous avoir fait connaître l'opinion de Paulus, le prince du café-concert, sur le délaissement du théâtre, du concert et de la librairie, mais nous avons le regret de constater notre désaccord sur les causes qui l'ont provoqué.

Les Sports à l'Étranger.

ANGLETERRE

Le sport en Angleterre ne bat que d'une aile. Les Catford, Polytechnic et Putney Clubs, les plus importants clubs de Londres se taisent. On sait que le Catford Gold Vase sera couru le 22 septembre. C'est tout. Après bien des tentatives infructueuses l'espoir s'en va. Dans la capitale, rien à faire, en province, à part quelques centres, peu de chose.

Et cela n'empêche pas G. L. Hillier de célébrer les bienfaits de la « Licence » qui a purgé la piste du faux amateur! Elle l'a si bien purgée, qu'il ne reste pour ainsi dire plus de coureurs du tout; une poignée de professionnels, le plus souvent à l'étranger; un troupeau d'amateurs plus ou moins obscurs, impitoyablement fauchés dès qu'ils dépassent la médiocrité réglementaire.

Voilà les bienfaits de la licence.

« Imaginez-vous un instant, répond un ancien champion à Hillier, que j'aurais été raconter mes affaires particulières, mon revenu, ses sources, à un tas de gens, pour la plupart mes inférieurs sociaux, et que je ne connaîtrais même pas !

« J'aurais plutôt lâché la piste que de me soumettre à d'aussi humiliantes enquêtes.

« Le vice de la législation présente, c'est que la N. C. U. regarde tous les aspirants à la licence comme criminels jusqu'à ce qu'ils aient établi leur innocence, par un renversement de tous les principes anglais... Tant que vous n'aurez pas changé les méthodes de gouvernement et le personnel gouvernemental, n'espérez pas que le sport redevienne jamais populaire. »

*
* *

Il y a à Londres un club cycliste dont tous les membres ont fait vœu de ne jamais toucher à la chair d'un être quelconque ayant eu vie. C'est le « Vegetarian Cyclist Club » qui s'offrait, l'autre jour, un grand banquet de propagande, au Vegetarian Restaurant, Poultry Lane. En tête du menu, trois vers du poète Shelley, qui sont à eux seuls toute une profession de foi :

« Que jamais plus le sang d'un oiseau ou d'une bête
« Ne souille une fête humaine de son torrent empoisonné,
« Dont la fumée, comme une accusation, monte dans la pureté des cieux. »

Sur le menu, non moins varié que copieux, je relève un vol-au-vent d'œufs et de champignons, des croquettes de champignons et de lentilles, des pommes de terre sous toutes les formes et, comme entrées, plats de résistance ou entremets, des tomates, et encore des tomates, tomates grillées, tomates en purée, des tomates à n'en plus finir.

Au dessert, le président, docteur Oldfield, a exalté les principes du club, et invoqué à l'appui de la doctrine végétarienne, l'exemple des athlètes grecs et romains, qui vivaient à l'entraînement, de fruits secs, de froment, de fromage et d'huile.

Voilà une diète que je recommande à nos champions. L'orateur, pendant qu'il y était, aurait pu citer l'exemple du taureau qui se nourrit d'herbe et n'en a pas moins vaincu le lion carnivore.

*
* *

Exposition d'automobiles à l'Agricultural Hall. — L'exposition d'automobiles forme, pour ainsi dire, le prélude de la grande manifestation préparée par l'Automobile Club de la Grande-Bretagne et d'Irlande; c'est en effet sous son patronage que MM. Cordingley et C°, propriétaires du journal « le Motor-Car », l'ont organisée et le hall est fort bien installé. Le centre est presque entièrement dégagé et forme une piste très convenable pour l'essai des véhicules, tandis que les bas côtés sont garnis des stands où sont exposés, à côté des véhicules, les accessoires de toutes sortes et les moteurs des différentes marques. Selon l'usage, très malheureux d'ailleurs, des expositions de cycles ou d'automobiles que nous avons visitées depuis des années, le jour de l'inauguration, rien n'était terminé à l'Agricultural Hall. Puisse cette manifestation amener de nouveaux et nombreux prosélytes à l'automobile dont les progrès n'apparaissent en somme que lentement jusqu'ici en Angleterre.

Quatre-vingt-dix exposants étaient réunis à l'Agricultural, dont une quinzaine de fabricants d'automobiles, une quinzaine de fabricants et marchands d'accessoires; les pneumatiques Clipper, Dunlop, Clincher, Radax, Grappler et deux ou trois systèmes de garnitures de caoutchoucs pleins, le reste des exposants comprenant les principaux agents de Londres qui offrent au public un assortiment assez complet des principales marques françaises et étrangères. L'exposition complète comprenait environ 180 véhicules (y compris les tricycles et quadricycles). Les voiturettes sont assez nombreuses mais les voitures de livraison ne sont représentées que par une demi-douzaine de types, y compris un camion pour lourdes marchandises et une énorme voiture à vapeur.

Somme toute, cette exposition est très intéressante et montre indubitablement que les fabricants anglais travaillent et cherchent des perfectionnements auxquels ils sont déjà arrivés sur quelques points. L'intérêt suscité parmi le public a été sensiblement plus considérable que les années précédentes.

*
* *

Le « Daily Express » a publié une lettre qu'il a reçue et qui montre quel chemin l'automobile et la vélocipédie même ont encore à parcourir pour être acceptés définitivement partout et par tous. Qu'un « marchand de nobles bêtes » ait eu l'idée d'écrire pareille missive, passe, mais qu'un journal qui se respecte trouve la place pour la reproduire semble indiquer qu'il pense trouver bon nombre de lecteurs qui seront du même avis. Voici la lettre en question :

« Pourquoi les automobiles sont-elles autorisées à circuler dans Hyde Park ? (Hyde Park est le bois de Boulogne de Londres) Est-ce le désir du contrôleur du parc de détruire le plaisir de ceux qui ont la joie de posséder encore une jolie paire de chevaux, pour le bonheur des ploutocratiques fabricants de machines qui peuvent être utiles aux transports des marchandises que nous envoie Birmingham mais qui ne sont pas dignes de transporter les humains qui se respectent. Je n'ai pas encore rencontré une automobile digne de figurer au parc entre 5 et 6 heures du soir, elles effraient les chevaux et embêtent avec leur bruit et leur odeur malsaine tous ceux qui les voient ou les sentent. Les cyclistes ne sont pas autorisés à circuler dans le parc, pour cette seule raison qu'ils ennuient et incommodent ceux qui conduisent, alors pourquoi les automobiles ? C'est injuste et absurde. Espérant que l'exposé de ce grief en aidera la disparition, j'inclus ma carte et vous prie d'agréer, etc... Signé : X. »

Pas surprenant que le particulier en question ne désire pas publier son nom, s'il avait vécu au temps où les chaises à porteur se virent pour la première fois remplacer par le service de voitures attelées, il eût sans nul doute fait partie de l'opposition et il eût aussi probablement jeté des pierres à la première locomotive, sous prétexte qu'elle allait corrompre l'atmosphère des campagnes et sans doute causer du tort aux diligences!...

***

L'autre jour, lord Rosebery présidait un match de football à Glasgow. Sir George White, le défenseur de Ladysmith, assistait au match de cricket du Surrey contre le London County.

A l'arrivée du général, la partie fut interrompue : On lui présenta W. G. Grace, un des hommes les plus populaires du Royaume-Uni, celui même en faveur de qui une vaste collecte réunissait, il y a deux ou trois ans, plusieurs milliers de livres sterling ! Don national de l'Angleterre à l'un de ses enfants les plus représentatifs.

Encore un trait de mœurs. Ce shake-hands échangé — « coram populo » — entre le héros du veldt et le héros du turf est un symbole aussi.

N'est-ce pas beaucoup sur le gazon, la balle et le bat en mains, que sir George White a appris l'obstination dans la lutte qu'il devait déployer sur d'autres champs de bataille, cet entêtement caractéristique du Saxon « qui ne sait jamais quand il est battu » ?

***

AMÉRIQUE

On n'accusera pas les Américains de ne pas prendre trop de précautions avant d'accorder à un de leurs nationaux la permission de conduire une automobile. Les autorités de Chicago ont décidé, en effet, que les candidats seraient soumis à un examen médical ayant pour but de vérifier s'ils ont une bonne vue, s'ils entendent bien et si leur système nerveux est suffisamment stable pour leur permettre de garder leur sang-froid en toutes circonstances.

Les candidats auront, en outre, à répondre sur 18 questions dont la liste a été approuvée par la commission spéciale chargée de l'examen des candidats.

Nous nous contenterons de signaler les suivantes :

6. Avez-vous compris la loi qui réglemente la circulation des véhicules sur les voies publiques, et avez-vous le sentiment de votre responsabilité?

7. Quelle expérience avez-vous pu acquérir au point de vue de la direction du véhicule que vous demandez l'autorisation de conduire?

18. Consentez-vous, en cas d'accident dans lequel serait impliqué votre véhicule, à rendre compte par écrit des circonstances à la commission d'examen dans les 24 heures ?

C'est presque un examen de conscience.

***

La bicyclette bienfaisante...

Un cycliste américain, intrépide routier, William Brown, vient de courir 2,000 milles (3,220 kilomètres) en neuf jours, par mauvais chemins et mauvais temps.

Or, il y a un an, William Brown était tuberculeux. Les exercices violents lui étaient interdits, il se mit à pratiquer la bicyclette et peu à peu ressentit un mieux qui s'accusait d'une façon considérable après les longs efforts dont la passion l'avait gagné.

Il vit là le salut ; il se mit à l'entraînement, et graduellement augmenta la distance des étapes, et en vint à tenter le record des 2,000 milles qu'il n'entreprit que dans le but de se guérir radicalement.

Il a réussi, car les docteurs l'ont unanimement déclaré sauvé.

L'Hygiène du Cycliste.

1° Le cycliste doit se couvrir de vêtements de laine ; c'est là une notion devenue banale ; le contact de la peau, avec la toile et le coton est nuisible, en raison de l'activité plus grande imprimée à la respiration et à la transpiration cutanées par les exercices vélocipédiques.

2° Le cycliste doit éviter toute constriction exercée sur le corps par une partie quelconque du vêtement, col, corset, ceinture, jarretière, car les conséquences d'une gêne circulatoire mécanique sont particulièrement à redouter chez le cycliste en marche, en raison du surcroît de fonctionnement qu'imposent au cœur les exercices vélocipédiques.

3° Le cycliste ne doit jamais se mettre en route l'estomac chargé d'aliments et de boissons. En outre, il devra boire le moins possible ; il ne se nourrira que d'aliments qu'il sait pouvoir digérer facilement et qui, de plus, sont substantiels sous un faible volume. Autant que possible, il se munira d'une liqueur qui soit à la fois *stimulante* pour les nerfs et les muscles, *tonique* pour le cœur et *nutritive* (voir, page 7, l'article consacré au Pepto-Kola, la véritable liqueur du cycliste).

4° Le cycliste doit toujours se maintenir dans l'attitude verticale, pour ne pas déformer sa colonne vertébrale et son thorax, et parce que l'attitude courbée gêne les contractions du cœur et l'expansion des poumons.

5° Le cycliste en marche depuis quelque temps, doit surveiller son pouls ; sitôt que la fréquence du pouls dépasse 100 à la minute, il y a imprudence, sinon danger, à ne pas interrompre la course, et surtout à marcher à une allure excessive, à monter une côte.

6° Le cycliste doit respirer de façon à faire entrer l'air par le nez et à le faire ressortir par la bouche. Il y a imprudence, sinon danger, à ne pas interrompre la course ou du moins à ne pas ralentir la marche, sitôt que l'essoufflement se manifeste.

7° Le cycliste doit éviter de transpirer. Après une course un peu prolongée, il devra veiller à la propreté minutieuse et au fonctionnement de la peau, grands lavages à l'eau tiède, grand bain, douche (en jet brisé, tiède et très courte).

8° Le cycliste qui est myope, ou presbyte, ou hypermétrope, doit porter des verres qui corrigent ce trouble de l'accommodation. Après une course sur une route poussiéreuse, il se lavera les yeux avec de l'eau bouillie, additionnée d'acide borique.

9° Le port d'un suspensoir est à conseiller aux cyclistes hommes.

10° L'usage d'une bicyclette par trop trépidante est particulièrement funeste aux femmes.

11° Le cycliste doit s'abstenir de tous les poisons du cœur et des muscles, tels que le tabac, l'alcool, la morphine, etc., dont on abuse tant à notre époque.

12° Enfin le cycliste ne doit pas ignorer que les conséquences fâcheuses des excès vénériens sont particulièrement à craindre à la suite des exercices vélocipédiques, par suite de la surexcitation du cœur et de la fatigue nerveuse qui résultent forcément de ces exercices. Chez les dames l'abstention complète de la vélocipédie est de rigueur pendant les époques menstruelles.

Le Cyclisme et l'Automobilisme militaires.

Les trains automobiles militaires. — Voici quelques détails sur les trains automobiles militaires, dont nous avons annoncé qu'un spécimen doit être essayé aux prochaines grandes manœuvres, en Beauce.

C'est en cherchant pour la navigation aérienne un moteur aussi puissant que possible sous le plus faible poids, que le colonel Renard, directeur de l'établissement d'aérostation de Chalais-Meudon, a construit un appareil remarquable, qui peut être appliqué aussi à la naviguation maritime ou fluviale et à la traction sur rails ou sur route.

Le système d'attache du train permet à trente fourgons d'évoluer dans toutes les courbes d'une route. Les fourgons peuvent être détachés isolément et rattachés de même : ce qui permet de laisser sur des points choisis les voitures de vivres ou de munitions destinées aux troupes établies dans le voisinage. Celles-ci n'ont qu'à les faire prendre par des chevaux envoyés aux embranchements de la route qui suit le train automobile ; elles peuvent de même lui amener des voitures vides, ou encore, chargées des malades ou blessés à évacuer.

On conçoit combien, si cette innovation est reconnue pratique, elle rendra de services, ne serait-ce que comme économie de conducteurs, de chevaux et de fourrages.

A rapprocher de cette décision les lignes suivante :

« Nous ne voulons pas décourager ceux qui sont disposés à former un corps d'infanterie montée (à cheval) ; mais nous croyons que, sauf exception, les volontaires qui entreprendront la formation d'un pareil corps, mettront leur argent sur le mauvais cheval Nous désirons encourager les volontaires individuels à mettre leur argent sur le bicycle et les bataillons volontaires à constituer une compagnie d'infanterie montée à bicycle, et nous sommes prêts à allouer une indemnité de 2 livres sterling par hommes, ce qui, dans nos prévisions, entraînerait une dépense totale de 50,000 livres par an. »

Il y a plus d'un succès pour le cyclisme. Malheureusement ce succès n'a pas été remporté chez nous. Celui qui tient ce langage révolutionnaire, c'est le représentant du War Office, dans un important discours au Parlement d'Angleterre.

Ainsi, après avoir hésité longtemps, résisté même, les autorités militaires anglaises vaincues par l'évidence, viennent à l'idée que nous n'avons cessé de défendre ici : l'infanterie montée à bicyclette. Il y a là une leçon et un exemple.

*
* *

Estafettes bicyclistes. — L'Union vélocipédique générale d'Allemagne avait organisé, les 12 et 13 de ce mois, sur la demande qui lui en avait été faite par l'autorité militaire, une course d'estafettes entre Strasbourg et Berlin. Il s'agissait de faire parvenir le plus rapidement possible une lettre du statthalter au chancelier de l'empire, et une du commandant du 15° bataillon de pionniers au commandant des pionniers de la garde.

La distance totale à parcourir était de 780 kilomètres. Elle a été couverte en 33 h. 40 m, soit à raison de 23 kilomètres environ à l'heure. (La première estafette étant partie de Strasbourg, le 12 à 5 heures du matin, la dernière est arrivée à Berlin, le 13, à 2 h. 40 m. de l'après-midi.)

L'itinéraire suivi, qui était fort accidenté, passait par Francfort-sur-le-Mein, Gelnhausen, Eisenach, Gotha, Erfurt, Kœsen, Halle, Wittenberg, Treuenbrietzen, Potsdam.

On a constaté, au cours de cette expérience, des différences très marquées entre les vitesses des différentes estafettes. Par exemple celle qui a couru de Francfort à Gelnhausen a fait 42 kilomètres en 70 minutes. Celle qui est allé d'Erfurt à Eckartsberga a mis 3 h. 10 m. pour couvrir 51 kil. 800. Celle d'Eckartsberga à Kœsen a fait 13 kilomètres en 45 minutes.

D'une façon générale, on peut dire que les vitesses réalisées n'ont rien eu de remarquable.

Le Moteur l' « Aigle ».

La maison Edlin et Lagier, place Bellecour, à Lyon, s'est fait une des meilleures places dans l'industrie et le commerce automobiles depuis longtemps déjà.

Elle a présenté aux chauffeurs des nouveautés d'un réel intérêt, notamment une savante transformation des moteurs Daimler, Phénix et autres qui permet d'obtenir d'une façon pratique une GROSSE AUGMENTATION de force.

Aussi est-ce un événement dans le monde de l'automobile que le lancement par cette maison de son nouveau moteur l'Aigle.

Aujourd'hui que chacun est familiarisé avec la construction des moteurs, on se rendra facilement compte des grands avantages de celui-là par la description suivante :

Dans ce moteur on règle la vitesse en agissant sur l'échappement de manière à modifier suivant le besoin la levée de la soupape, SANS DÉPLACER LE POINT DE DÉPART DE CETTE LEVÉE, c'est-à-dire en conservant toujours la même avance à l'échappement. L'on obtient ainsi une grande élasticité de force, une régularité parfaite, sans trépidations et une économie considérable de combustible.

Tous ces avantages permettent d'employer avec succès des moteurs très puissants.

Un mouvement nouveau et simple permet d'obtenir ces résultats ; il supprime tous les ressorts employés dans les distributions actuelles.

Ce moteur est d'une construction robuste et soignée, les soupapes sont d'un accès facile et le démontage en est instantané.

La deuxième soupape est manœuvrée par un mouvement en tout semblable, la came r' étant, bien entendu, calée d'après la marche du piston auquel elle correspond.

Suivant la position et le nombre des cylindres, le mécanisme pourra varier dans ses dispositions de détail, mais son principe restera toujours le même.

Ce moteur se fait généralement avec allumage par incandescence, il peut se faire par deux allumages : allumage par tubes incandescents et allumage électrique fonctionnant instantanément SANS AUCUN DEMONTAGE.

L'allumage électrique peut être obtenu de deux façons : soit par le procédé ordinaire, soit par un magnéto qui supprime tous les ennuis des piles, des accumulateurs, de la bobine, etc. ; cet allumage ne donne jamais de raté, l'étincelle est même très chaude, l'appareil employé est très simple, très robuste et très économique ; il peut s'adapter à tous les moteurs.

Le moteur « AIGLE » est le seul à échappement variable par le régulateur à moments constants. Il est spécialement destiné aux constructeurs de voitures et de bateaux et se recommande par sa grande élasticité. Il rendra certainement des services comme moteur industriel ; sa régularité parfaite l'indique déjà aux électriciens pour l'éclairage des châteaux et l'élévation des eaux.

JURISPRUDENCE

La vente des automobiles et les vices cachés.

Aux termes de l'article 1641 du Code civil « le vendeur est tenu de la garantie à raison des défauts cachés de la chose vendue qui la rendent impropre à l'usage auquel on la destine, ou bien qui diminuent tellement cet usage que l'acheteur ne l'aurait pas acquise s'il avait connu ces défauts ».

Depuis qu'il existe, cet article a reçu de multiples applications, notamment à l'égard des nobles bêtes, et l'on ne compte plus les procès qui, intentés à la suite de ventes de chevaux, se sont terminés par la résiliation de ces ventes pour cause de vices cachés.

Or, voici que peu à peu nos tribunaux sont appelés à faire application de cet intéressant article à la vente des automobiles, et je m'en voudrais de ne pas vous signaler le jugement rendu ces jours-ci en cette matière par la troisième chambre du tribunal de la Seine.

Au mois de juillet 1898, M. X... vendait à M. Bertrand Taillet une voiture automobile, système Panhard et Levassor, moyennant le prix de 16,900 francs, et ce prix était payé comptant contre livraison de la voiture le 3 août suivant après essai fait par M. Bertrand Taillet, ainsi que cela avait été convenu entre les parties.

Cependant M. Bertrand Taillet s'apercevait bientôt que sa voiture ne remplissait pas toutes les conditions de vitesse promises. Il assignait alors X... en résiliation de la vente pour vices cachés et en paiement de la somme de 625 francs, montant des frais de démontage, vérification, et de réparations avancés par lui, et le tribunal nommait M. Léauté expert.

Dans son rapport, l'expert constatait « que des quatre vitesses auxquelles devait pouvoir rouler la voiture, les trois plus faibles seules pouvaient être obtenues, et qu'en outre, dès qu'il se présentait une côte, la voiture ne pouvait la franchir que très lentement » ; il concluait en outre « que ce manque de vitesse constituait évidemment un inconvénient assez sérieux, et qu'à ce point de vue la voiture litigieuse pouvait être considérée comme sensiblement inférieure aux voitures du même type, qu'en résumé, la voiture pouvait fonctionner, mais que tant que l'on n'aurait pas augmenté la puissance du moteur, on ne pourrait atteindre les grandes vitesses et l'on serait exposé, pour des causes très légères, à des arrêts intempestifs ».

C'est après le dépôt de ce rapport que le tribunal vient de statuer.

Il prononce la résiliation de la vente de l'automobile dont s'agit (très bien ce « dont s'agit », n'est-ce pas ? oh ! très bien ; mais que voulez-vous, style judiciaire), il condamne X... à rembourser à Bertrand Taillet la somme de 16,900 francs plus celle de 652 francs avec les intérêts tels que de droit (« tels que de droit » n'est pas mal non plus), et de plus il condamne X... en tous les dépens.

« Attendu, dit le jugement, que le vendeur est tenu de la garantie à raison des vices cachés qui affectent la chose vendue, dont l'acheteur n'a pas pu se convaincre par lui-même et qui la rendent impropre à l'usage auquel elle était destinée,

« Attendu que, spécialement, doivent être considérés comme vices cachés et entraînant la résiliation de la vente, le manque de vitesse promise dans une voiture automobile, et les arrêts intempestifs auxquels on est exposé pour des causes très légères. »

Question de responsabilité.

Dans le courant du mois de novembre dernier, un négociant marseillais, M. D..., se livrait aux plaisirs de l'automobile dans les Vosges. Il était accompagné du domestique de son père.

Tous deux venaient de traverser le village de La Marche quand un accident se produisit. L'automobile dont les freins ne fonctionnaient plus, alla butter contre un mur à un tournant et le domestique fut grièvement blessé. Il assigna alors en dommages-intérêts le père de M. D... son patron, sous prétexte que c'est lui qui lui avait ordonné d'accompagner son fils, mais il vient de perdre son procès.

Le tribunal dit que puisque M. D... fils, le conducteur de l'automobile, était majeur, c'est à lui et non au père que la victime eût dû réclamer les dommages-intérêts.

Les bicyclettes et la police du roulage.

Un cycliste a été poursuivi devant le tribunal correctionnel de Bar-sur-Seine pour diverses contraventions : refus de s'arrêter sur la sommation que lui avait adressée un gendarme, blessures par imprudence et défaut d'éclairage, ce dernier fait considéré par l'agent comme constituant une contravention à la loi du 3 avril 1851 sur la police du roulage.

Le tribunal a écarté l'application de cette dernière loi, et, sur l'appel du ministère public, la cour, présidée par M. Martinet, après avoir entendu le conseiller Planteau, rapporteur, vient de confirmer ce jugement :

« Considérant que la bicyclette simple, appareil de locomotion à deux roues qu'on actionne avec les pieds, a plutôt le caractère d'une monture mécanique que celui d'une voiture ; que la personne qui est en selle sur cette machine ne saurait dès lors être considérée comme un voiturier ou un conducteur au sens de la loi sur la police du roulage du 30 mars 1851 ;

« Considérant que, d'après l'administration elle-même, les bicyclettes simples ne sont pas des voitures auxquelles s'appliquent les dispositions du décret réglementaire du 10 août 1852, rendu en exécution de la loi précitée et imposant notamment aux voituriers d'être munis, pendant la nuit, d'une lanterne allumée, puisqu'elle a cru devoir prendre des arrêtés spéciaux pour prescrire cette obligation à ceux qui font usage de bicyclette ;

« Qu'il existe donc tout au moins un doute qui doit profiter au prévenu... »

LA TEMPÉRANCE

La tempérance a décidément conquis droit de cité dans notre pays. Deux signes viennent de se succéder, qui en fournissent la preuve : d'abord la crâne circulaire du Ministre de la Guerre ; ensuite le don royal dont M. Alphonse de Rothschild vient de doter, par testament, le premier restaurant de tempérance de Paris, celui de la rue Saint-Bernard, 43, dont il a déjà été question ici. M. de Rothschild a fait à l'œuvre un don de 250,000 francs.

Ce signe est peut-être de tous le meilleur : quand les finances vont à une œuvre, quand la bourse commence à s'ouvrir en faveur d'une cause, il faut vraiment qu'elle existe et qu'elle soit vivace.

Les amis de la cause tempérante éprouveront une vive gratitude pour cette libéralité magnifique ; ils ont déjà contracté une véritable dette de reconnaissance envers Mme Legrain, la femme qui fut vraiment l'âme de l'œuvre et qui l'a faite ce qu'elle est au lendemain du jour où une autre donatrice, une généreuse anonyme, a bien voulu fournir largement les fonds d'une première installation.

Il y aurait de bien longs chapitres à écrire sur le restaurant Saint-Bernard pour en montrer toute la valeur. En même temps que, depuis dix-huit mois, il distribuait plus de 50,000 repas, il devenait un véritable foyer de sociabilité honnête pour les habitués. Il abrite maintenant une société de tempérance, spontanément éclose parmi les ouvriers, ses clients.

Mais nous ne résistons pas à citer la délicieuse fête à laquelle nous avons assisté. Mme Legrain, qu'on y retrouve encore, a fondé un patronage d'un nouveau genre.

Il consiste à créer ou à recréer un milieu familial et social pour les anciennes victimes de la boisson que les efforts de l'initiative intelligente et dévouée des dames patronnesses ont réussi à éloigner définitivement de la fatale boisson. Rien de plus touchant que cette fête qui réunissait au restaurant Saint-Bernard, dans une véritable intimité de famille, patronnesses et patronnés.

On sent, en face d'un pareil tableau, que c'est un mal, souvent un crime, de jeter l'anathème au buveur, victime plus intéressante qu'on ne le croit en général ! On est saisi d'admiration pour ces femmes, ouvrières ou bourgeoises, qui travaillent, sous l'impulsion morale, au rétablissement, dans leur intégrité première, de quantités de ménages détruits. On prétend qu'il y a des femmes qui n'ont rien à faire, et qui pourtant sont avides de faire le bien. Qu'elles aillent donc à cette véritable école de solidarité ; il est sûr qu'avant peu la femme aura tiré le pays d'un bien mauvais pas.

La Société de patronage des aliénés de la Seine, en reconnaissance de ce qu'a fait le patronage de Mme Legrain pour d'anciens pensionnaires de Ville-Evrard, a accordé à ce dernier sa confiance et a recours à sa collaboration, qu'il paye non seulement par une légitime considération, mais par des secours en argent.

LA CIRCULATION DES AUTOS

Nous n'avons pas à apprendre leurs devoirs à nos édiles et ils se moqueraient de nous, à juste titre, si nous semblions vouloir leur donner des conseils pour faire ce dont ils savent fort bien s'acquitter en toute autre circonstance.

Les tribunaux pourront prononcer trois jours de prison, « même pour une première contravention »; à la récidive, c'est cinq jours de prison qui seront appliqués et le retrait du permis de conduire.

Qu'on fasse cela à dix, à vingt, à trente de nos sportmen motocyclistes et voituristes, et dans 15 jours la besogne sera terminée.

Paris ayant donné l'exemple, Lyon suivra, puis Marseille, puis Nantes, etc...; avec un peu d'esprit de suite et d'énergie, on peut, avant trois mois, avoir raison, pour toute la France, des forcenés, en petit nombre d'ailleurs, qui, au mépris de leur propre sécurité — dont nous n'avons cure, — de la sécurité publique que l'autorité a le devoir étroit de protéger, compromettent gravement, par leurs excès, les intérêts de cette grande industrie de l'automobile.

Et cela sans règlements nouveaux, par la seule et ferme application des règlements existants.

Entasser règlements sur règlements, Pélion sur Ossa, perdre son temps en discussions byzantines, chicaner sur un « mais », sur un « cas », sur du 12 ou du 15, du 20 ou du 30, ajouter à un règlement nouveau, qu'on n'exécutera point, un nouveau règlement qu'on n'exécutera point davantage, est faire œuvre de faiblesse, œuvre puérile, c'est trahir les intérêts dont on a la garde, affaiblir encore le respect de l'autorité, et Dieu sait, à l'heure actuelle, ce qu'en vaut l'aune!

Cette Commission a eu le bon sens d'en juger ainsi et le courage de le dire.

C'est un exemple!

(Revue du T. C. F.)

Les voitures allemandes.

On se rappelle encore les vives polémiques qui furent soulevées ici même lorsqu'on parla pour la première fois des qualités, incontestables aujourd'hui, des voitures allemandes de Daimler.

On sait également que la mauvaise fortune ne les a pas épargnées dans la semaine de Nice. Voici ce que dit à ce sujet notre confrère Meyan dans la « France Automobile » :

Les accidents qu'elles ont causés sont-ils inhérents, comme on l'a prétendu, à leur construction même? Très puissantes, mais lourdes et hautes sur roues, disent les uns, elles ne sont pas maniables aux grandes vitesses.

Je n'oserais, personnellement, adopter franchement cette opinion. J'ai vu les voitures de près, je les ai étudiées soigneusement et j'y ai reconnu des détails remarquables que je signalerai tout à l'heure. J'ai même pris place à bord de l'une d'elle, j'ai gravi la côte de la Turbie et j'ai été, je l'avoue, sérieusement impressionné de sentir enlevé, sous moi, ce poids de 1,400 kilos à une vitesse de 42 kilomètres à l'heure, sur des rampes de 10 0/0 et plus.

Bauer avait monté quarante fois la Turbie avant la course; il connaissait donc sa route aussi bien que personne; mais faire une expérience ou marcher en course sont deux choses bien différentes. Dans le premier cas, un obstacle se présente-il, on ralentit, se disant que l'on pourra recommencer; en course, il faut passer quand même, car on ne recommencera pas; le coup d'œil doit être prompt, la décision aussi.

J'estime que Bauer, au moment d'entrer dans ce virage qui devait lui être fatal, aura été surpris par quelque groupe de curieux postés là pour voir passer les concurrents, et qu'afin de les éviter, il se sera un peu trop éloigné de la corde. Comme il montait à ce moment à 70 kilomètres à l'heure, que le virage est court et peu ou pas relevé, il n'a pu se redresser suffisamment et est venu heurter de flancs les rochers qui bordent la route du côté opposé.

Avec une voiture plus légère, Bauer, qui n'était pas un homme de course, aurait-il évité la catatrophe? Peut-être bien.

VARIÉTÉS

Les concours de chiens.

A l'occasion de l'Exposition universelle, le Club Français du Chien de Berger organisera son grand concours national annuel près Paris, sur l'hippodrome de Levallois-Perret, le dimanche 1er juillet, à une heure et demie.

Les prix ci-dessous y seront distribués :

Deux objets d'art (Sèvres), offerts par M. le Président de la République ;

Une médaille d'or, offerte par M. le Ministre de l'Agriculture ;

Une médaille d'or, offerte par le Comice agricole de Seine-et-Oise ;

Un objet d'art (bronze), offert par M. Fédérico Santa-Maria, éleveur à Valparaiso (Chili) ;

Quinze prix en espèces et quarante médailles en vermeil et argent.

Le matin, à dix heures, il y aura une exposition de chiens des races de Brie et de Beauce.

Le Club décernera des diplômes aux photographes qui lui remettront les plus belles épreuves du concours et des chiens primés.

Entrée du concours : 1 franc.

Pour les engagements et tous renseignements, s'adresser à M. Boutroue, secrétaire, 40, rue des Mathurins, à Paris, où des feuilles d'engagement et le règlement des concours sont tenus dès maintenant à la disposition des intéressés.

*
**

Un mille en 57 secondes :

Entre autres essais, le nouveau quadricycle destiné à Wridgway, aurait accompli, l'autre jour, à New-Jersey (Amérique) et avec trois personnes à bord, cette performance tout à fait remarquable, qui représente plus de 100 kilomètres à l'heure et se rapproche fort du fameux record Jenatzy — le kilomètre en 34 secondes. — Un demi-mille a été fait en 28 secondes. C'est la machine — nous l'avons dit antérieurement — qui devait courir Bordeaux-Paris et la Coupe. Cela nous promettait du sport. Que de regrets !

Mais l'Italie et la Belgique nous offrent leurs routes. Tout espoir n'est pas perdu.

Epilogue : Un policeman a dressé procès-verbal aux chauffeurs américains pour avoir excédé la limite légale. Devant les juges, le représentant de l'ordre évaluait l'allure à 100 milles à l'heure. Cette fois, maître Bob exagérait. Mais le magistrat, sur sa parole, condamna les délinquants à une amende de dix dollars ; au moins, auront-ils eu de la vitesse pour leur argent !

*
**

La valeur de l'homme.

Il s'agit de l'homme artificiel, de l'homme qui aurait des yeux de verre, des jambes de bois, de fausses dents, etc.

Un médecin munichois vient de faire le calcul. Il est arrivé à ce résultat :

Une paire de bras coûte 450 francs, et, avec les mains articulées, 730 francs. Une paire de jambes également articulées, coûte environ 700 francs. Un faux nez en métal vaut de 4 à 500 francs. Pour 650 francs, on peut se procurer une paire d'oreilles munies de tympans artificiels et de résonnateurs. Un râtelier complet avec palais en platine se paie de 200 à 450 francs. Enfin, pour une paire d'yeux, il faut mettre au moins 140 francs.

Au total 3,000 francs environ.

*
**

Les passages à niveau.

M. Pierre Beaudin, Ministre des Travaux publics, préoccupé des accidents nombreux occasionnés par les passages à niveau, a fait étudier par les divers services de contrôle, d'accord avec les Compagnies de chemins de fer, le moyen de faire annoncer les trains aux passages à niveau gardés, soit par des cloches fonctionnant électriquement, soit par tous autres appareils.

Le Comité des directeurs de contrôle a été d'avis qu'il conviendrait de munir d'appareils avertisseurs de l'arrivée des trains tous les passages à niveau où cela serait reconnu utile en raison de la situation de ces passages, de la distance à laquelle on peut voir les trains, de l'importance de la circulation routière, etc., sans arrêter aucune règle générale et en considérant chaque cas séparément.

Les Compagnies avaient été appelées à fournir leurs observations à ce sujet et à faire connaître approximativement la dépense qui résulterait de l'application de la mesure. Cette dépense atteindrait, pour des avertisseurs spéciaux, une trentaine de millions. Elle se trouvera cependant considérablement réduite si, comme le désire le Ministre des Travaux publics, on ne dote d'avertisseurs spéciaux que les passages à niveau placés dans des conditions particulièrement défectueuses ou situés sur des lignes non munies de cloches électriques. Il serait même utile, pour certains de ces passages, d'employer des signaux avancés.

Sur les lignes exploitées avec les cloches, on emploierait, pour la protection des passages à niveau, les cloches, sauf dans les cas exceptionnels.

La dépense occasionnée par ces transformations ne pourra être déterminée, même approximativement, qu'après une étude détaillée faite sur place. Le Ministre des Travaux publics vient de convier les administrateurs des Compagnies de chemins de fer à faire procéder sans retard à cette étude, et à en adresser les résultats au directeur du contrôle, qui donnera son avis.

*
**

Snelpardeloszonderspoorwegpetrovijtnig, tel est — c'est du moins notre confrère autrichien « Fremdenblatt » qui nous l'affirme — le mot hollandais qui signifie automobile. La traduction littérale serait : voiture rapide — sans chevaux — sans rails.

Moi, je veux bien, mais il me semble que j'aimerai mieux dire automobile… même si j'étais Hollandais.

*
**

Les jeunes dégénérés.

Depuis quelque temps, philosophes et sociologistes

s'occupent avec une légitime inquiétude de l'augmentation de la criminalité chez les jeunes gens.

Naturellement, la politique ou l'esprit sectaire s'en mêlant, ils en cherchent la cause dans tout ce qu'ils n'aiment pas : la forme du gouvernement, la diffusion de l'instruction, etc.

Cette augmentation est, en effet, effrayante : en cinquante ans, de 1830 à 1880, la criminalité des adultes a triplé. Celle des garçons de 16 à 21 ans a quadruplé et s'est élevée de 5,933 à 20,480.

La proportion pour les filles est moins considérable et a monté seulement de 1,046 à 2,839.

En raison de l'état mental du plus grand nombre de ces petits malheureux, et à côté de la réforme de la législation, la recherche des moyens éducateurs et correcteurs à employer pour obtenir un redressement moral s'impose à tous les législateurs.

Les enfants et les adolescents coupables et vicieux ne doivent pas seulement subir une répression vengeresse et terrifiante, aussi inutile pour leur relèvement que décevante pour la défense sociale ; il est important qu'ils soient redressés moralement par une éducation spéciale, par un véritable dressage patiemment et longtemps continué.

C'est cette idée qui a dirigé le travail dans lequel, sous le titre de : « Le dressage des jeunes dégénérés ou orthophrénopédie » (*Progrès médical*, Paris), le docteur Thulié, ancien président du Conseil municipal de Paris, étudie cette méthode éducatrice, à la fois chez les dégénérés inférieurs et les dégénérés supérieurs.

Cette étude se termine par une série de chapitres du plus haut intérêt, notamment sur l'éducation intellectuelle, la formation de la conscience par la théorie, jointe à la pratique et la fixation du redressement.

***

Un docteur faisant actuellement une enquête sur les résultats donnés aux médecins de province par l'usage d'un automobile, tricycle, voiturette ou voiture, serait reconnaissant à ceux qui pourraient lui faire part de leurs appréciations motivées avec tous renseignements : force du moteur, genre de véhicule, nature du pays parcouru, etc.

Ecrire à M. P. Dall, à la *Locomotion Automobile*, 4, rue Chauveau-Lagarde.

***

Expériences de télégraphie sans fil faites à Brest.

Des expériences fort intéressantes de télégraphie sans fil ont eu lieu à Brest.

L'escadre quittait le port; c'était une bonne occasion pour le lieutenant de vaisseau Tissot, qui depuis longtemps s'occupe de la télégraphie sans fil, de tenter une expérience concluante en mettant en rapport son poste d'observation avec les vaisseaux. En appliquant la méthode qui lui a déjà servi, M. Tissot a pu recevoir au Porzic des dépêches du *Masséna* naviguant à une distance de 35 milles (65 kilomètres) au large. Ces dépêches étaient d'une netteté irréprochable.

Le problème de l'application de la télégraphie sans fil à la marine semble maintenant résolu dans une large mesure.

Souvent on avait objecté à l'emploi des ondes hertziennes en télégraphie la crainte que, lorsqu'on enraye de deux postes à la fois sur un même récepteur les deux communications ne s'embrouillent. L'expérience a montré qu'il n'en est pas ainsi, du moins d'une façon générale.

En effet, pendant que le *Masséna* communiquait avec la terre, le *Friant* est entré en rade et a envoyé aussi des dépêches ; les communications n'ont été que peu troublées. On peut conclure de ces expériences que la marine française est à même aujourd'hui d'utiliser la télégraphie sans fil. Les efforts faits pour réaliser des progrès dans cette voie nouvelle ouverte par la science sont d'ailleurs encouragés comme ils le méritent.

D'autre part : Le célèbre physicien américain Tesla a fait, paraît-il, des expériences de télégraphie sans fil dont les résultats sont surprenants. Voici comment le savant s'exprime :

« Mes essais ont eu beaucoup de succès; je suis persuadé de pouvoir, à l'aide de la télégraphie sans fil, non seulement communiquer avec Paris, pendant l'Exposition universelle, mais avec toutes les villes du monde entier. Par leurs derniers perfectionnements, mes instruments sont garantis contre toute perturbation extérieure : j'espère obtenir une vitesse de 1,500 à 2,000 mots par minute. Je viens de rentrer à New-York pour y faire une série d'expériences pour la solution d'un problème encore plus considérable : j'entends celui de la transmission de la force électrique sans emploi de fils. »

***

Le retard dans la végétation inquiète très fort les chasseurs qui se demandent où les perdrix vont cacher leurs nids; nulle part la reproduction ne s'annonce comme très favorable, et tandis que les années précédentes, à l'époque actuelle, nombre de compagnies de faisandeaux étaient écloses, on constate cette année qu'en maints endroits les poules n'ont pas achevé leur ponte et que quelques unes seulement commencent à couver; les couverts artificiels, du reste sont fort maigres en général.

Les chasseurs se plaindront encore cette saison de la pénurie du gibier à plume.

***

Emigration irlandaise.

D'après une statistique, en 1889, 4,186,000 Irlandais avaient émigré à cette date depuis le commencement du règne de Victoria, 3,668,000 avaient été expulsés.

Le bureau de statistique de l'Irlande vient de publier le chiffre des émigrations jusqu'à la fin de l'année dernière; nous y voyons que 744,779 Irlandais ont quitté le pays de 1885 à 1899.

C'est donc près de 5 millions d'Irlandais qui ont dû abandonner leur sol natal sous le règne de Victoria ; dans la seule année 1899, 43,760 personnes ont fui la terre Irlandaise.

Voilà, entre cent autres, une des beautés de l'impérialisme anglais.

La truite en Russie.

M. N. Wersiloff nous donne, dans l'intéressante *Revue internationale de Pêche et de Pisciculture*, publiée par la Société impériale russe de Pisciculture et de Pêche, quelques renseignements particuliers instructifs sur la pêche de la truite en Russie.

On trouve cet excellent poisson en Finlande dans les affluents de la Baltique, en Crimée et au Caucase. Au Caucase, il est l'objet d'une exploitation considérable en vue de l'alimentation des touristes qui, chaque année, séjournent dans ces régions favorisées, et surtout à Pialigorsk, Gélesnovodsk, Essenboukky et Kislovodsk, où sont pour ainsi dire concentrées les eaux minérales du Caucase. Et cette alimentation par la truite est d'autant plus utile que, malgré les grands pâturages du pays, le bœuf du Caucase n'est pas précisément fameux; les habitants se rattrapent sur le mouton, le laitage et le poisson. Dans les centres balnéaires et mondains, on fait venir des provisions par chemin de fer.

La truite est servie presque à chaque repas, soit au vin blanc, soit au naturel avec du beurre frais. On fait aussi un consommé, fort recherché, appelé *oukha*. « Si les touristes ou les baigneurs, dit M. N. Wersiloff, veulent faire une excursion dans les montagnes rocheuses, en longeant les bords d'une rivière rapide, ils trouveront à douzes verstes de Kislovodsk un endroit charmant — « le château de l'Amour et de la Ruse » — où l'aimable hôte ne manquera pas de leur offrir des truites fraîches. » Voilà les excursionnistes français avertis !

Les truites du Caucase sont de moyenne grandeur ; les plus grosses ne dépassent pas 33 centimètres de longueur. La plus renommée est sans contredit celle de Kislovodsk, qui fréquente les sources très fraîches du Kouban. Les pêcheurs des environs prennent le poisson avec de petits filets en passant au gué les ruisseaux qui ne sont pas très profonds. Les truites sont apportées en ville dans des tonneaux remplis d'eau, ou salées.

***

Economie domestique.

En trempant une fois par semaine les balais dans de l'eau de savon bouillante, ils durent plus longtemps.

On peut empêcher la moisissure de l'encre, de la colle, etc., en y ajoutant une faible quantité d'acide phénique. Il est bon d'en mettre 30 grammes dans l'eau de chaux que l'on emploie pour blanchir l'office, la laiterie, les caves ; l'acide agit comme désinfectant.

Une cuillerée à soupe de raifort dans une cruche de lait le conserve frais pendant plusieurs jours.

L'eau qui reste toute une nuit dans une chambre à coucher est mauvaise à boire le matin. Une cruche d'eau froide placée sur une table purifie l'air.

On se sert presque exclusivement de pétrole pour chasser les fourmis, mais un moyen très simple de les éloigner est de tracer sur les rayons une forte raie autour du sucrier ou du plat où sont les gâteaux, etc... Si la raie les entoure complètement, les fourmis n'oseront jamais la traverser.

Pour écailler facilement le poisson, il suffit de le tremper une minute dans l'eau bouillante.

En faisant bouillir le linge blanc dans de l'eau avec une cuillerée d'essence de térébenthine, on rend le lavage bien plus facile.

L'hygiène à l'Exposition

La Pouponnière de Porchefontaine.

La Pouponnière de Porchefontaine — dont les installations s'élèvent à proximité de Versailles, en bordure de la route de Choisy-le-Roi — a inauguré son exposition.

Pas commode à trouver, le stand ! Classe 112, groupe 16... il faut naviguer de sections en sections, tourner, monter, descendre, et enfin, après mille tours et détours, le visiteur le découvre accolé aux constructions de la Salle des Fêtes, dans la Galerie des Machines.

Rien de plus joliment, de plus ingénieusement utilisé que l'espace où s'abrite la Société Maternelle Parisienne.

Encastrées comme des peintures murales, avec des titres à la Puvis de Chavannes, de très belles photographies font voir, prises sur le vif, les scènes familières de la vie de chaque jour : la vérification et la stérilisation du lait, la blanchisserie perfectionnée, l'arrivée du nourrisson, la consultation du docteur, la pesée des enfants avant et après leur repas, la tétée, la soupe, le repos et la promenade.

Puis, sur de larges tables, voici la réduction, minutieusement exacte, des constructions et aménagements : le chalet de l'administration, les pavillons reliés entre eux par des galeries vitrées, la double infirmerie, le lazaret où les nouveaux venus demeurent tout le temps de l'incubation d'une maladie contagieuse qu'ils pourraient apporter du dehors.

On sait quelle fut l'idée si intelligente et si neuve de la fondatrice, Mme Georges Charpentier : permettre aux mères qui travaillent, et qui ne peuvent nourrir et garder leur enfant, de ne pas l'envoyer au loin chez des nourrices peu soigneuses ; mais de l'avoir non loin d'elles, près de Paris, et de le savoir pour le moins aussi bien soigné qu'il aurait pu l'être au logis.

Pour 130 berceaux toujours pleins, pour ces constructions et ces installations, qui sont on ne saurait assez le dire, le dernier modèle du genre ; la pouponnière n'a dépensé que 438,000 francs, environ la moitié de ce que dépensent les œuvres similaires.

Jusqu'ici, toutes ses ressources ont été employées à faire de la Pouponnière un établissement-type dont l'état devrait s'inspirer pour multiplier cette sorte d'institution d'élevage d'enfants.

Aujourd'hui, la Société maternelle, admirablement installée, a besoin de rentes pour vivre. Elle vient d'être autorisée à organiser une loterie de 80,000 billets à 1 franc l'un.

Que ceux qui nous lisent saisissent l'occasion de faire un bienfaisant placement « de mère de famille ».

Les plaques de bicyclettes

Nombre de lecteurs nous écrivent qu'ils ont perdu leur plaque de bicyclette, ou qu'on la leur a volée, ou encore qu'ils l'ont brisée, et ils nous demandent ce qu'ils doivent faire.

Un décret paru dans le numéro du *Journal officiel*, portant la date du 17 mai, fournit aux cyclistes les indications les plus précises et les plus claires.

En cas de perte ou de soustraction, la déclaration est faite devant le maire de l'arrondissement (ou de la commune pour la province) dans lequel la bicyclette est imposée. Cette déclaration doit être faite dans un délai de deux jours, à compter de la date à laquelle l'intéressé à constaté la perte de sa plaque.

Le maire rédige la déclaration, et, muni de cette déclaration, l'intéressé se rend chez le percepteur de la circonscription. Après avoir contrôlé la régularité matérielle de la déclaration et vérifié la concordance des renseignements consignés sur cette déclaration avec les mentions portées au rôle, le percepteur remplace la plaque ou les plaques dont la perte ou la soustraction a été déclarée.

Si la plaque est détériorée ou brisée, le cycliste doit porter, au bureau où il a acquitté la taxe, et exhiber :

1° Les morceaux pouvant servir à reconstituer l'ancienne plaque. Morceaux nécessaires : celui portant le millésime 1900 ; celui réservé à l'adresse prouvant que les indications exigées ont été gravées, et cette condition est absolument nécessaire ; celui contenant l'effigie de la R. F. ;

2° Le bulletin d'avertissement émanant du percepteur ;

3° Le récépissé du paiement de la taxe.

Moyennant quoi le préposé vous délivre aussitôt une autre plaque et même une lame si on le désire.

Dans aucun cas, le cycliste n'a de somme à verser, si minime soit-elle.

Des percepteurs nous écrit-on, réclament 4 fr. 05 pour la délivrance de la nouvelle plaque. Pourquoi 4 fr. 05 ? Nous ne comprenons pas. En versant chaque année six francs nous payons une taxe spéciale qui frappe la bicyclette, et la plaque qui nous est délivrée n'est autre chose que la preuve que nous avons acquitté cette taxe. Donc, si nous perdons ladite plaque, une nouvelle doit nous être délivrée gratuitement.

Par conséquent, les cyclistes qui réclament une nouvelle plaque n'ont rien à verser. S'il y avait quelque chose à payer, le *Journal officiel* n'aurait pas manqué de le dire.

En outre nous devons l'obligeance de la Direction des Contributions Directes l'affiche, dont ci-dessous le texte, qui intéresse tous les cyclistes :

Plaques de contrôle des Vélocipèdes.

AVIS AUX CONTRIBUABLES

Nouvelles plaques de contrôle valables pendant quatre ans.

A partir du 1er mai 1900, tout vélocipède ou appareil analogue doit porter une plaque de contrôle d'un nouveau modèle.

Cette plaque sera valable pour une durée de quatre années (loi du 24 février 1900, art. 4).

Les nouvelles plaques seront remises gratuitement par le percepteur aux possesseurs de vélocipèdes inscrits au rôle, immédiatement après la publication de ce rôle qui aura lieu à Paris et dans les autres communes du département de la Seine, le dimanche 15 avril 1900.

La délivrance en est faite au vu de l'avertissement et contre le paiement des douzièmes échus de la taxe.

Les vélocipèdes doivent être munis d'autant de plaques de contrôle qu'ils comportent de places (décret du 10 décembre 1898, art. 1).

Les plaques doivent être fixées sur le tube de direction des appareils, soit au moyen d'une lame métallique délivrée en même temps que la plaque, soit par tout autre procédé.

Pour les vélocipèdes à plusieurs places, la

première plaque est fixée sur le tube de direction, les autres sur les tubes diagonaux du cadre qui supporte chacune des selles à partir de la seconde.

S'il s'agit de vélocipèdes à moteur mécanique comportant plus d'une place, elles sont fixées les unes au-dessus des autres sur le tube de direction.

Inscription du nom, etc... sur les plaques.

Les contribuables sont *tenus de faire graver*, dans le cartouche réservé à cet effet sur les nouvelles, plaques leurs noms, prénoms et adresse. (Loi du 24 février 1900, art. 4).

Les contraventions à cette disposition sont punies des *peines de simple police* (même loi, art. 8).

Les plaques devenues inutilisables sont remplacées gratuitement par le percepteur du lieu de l'imposition, sous la réserve que les contribuables justifient de leur identité, et qu'on puisse facilement reconnaître, sur les plaques hors d'usage ou sur leurs fragments qui seront retenus, le poinçon de l'Etat et les inscriptions relatives aux nom, prénom et adresse (même loi, art. 4).

Contribuables ayant cessé de posséder un vélocipède.

Les contribuables qui ont cessé de posséder un vélocipède doivent, dans les quinze jours, en faire la déclaration au maire de la commune de leur résidence et lui remettre, en même temps, la plaque de contrôle qui leur avait été délivrée. Faute de s'être conformés à cette prescription, ils sont maintenus, pour l'année suivante, au rôle de la commune où ils étaient précédemment incorporés (même loi, art. 7).

Contribuables devenus possesseur d'un vélocipède en cours d'exercice.

Le contribuable qui devient possesseur d'un vélocipède en cours d'exercice obtient délivrance de la plaque de contrôle exigée par la loi ;

1° En présentant au percepteur de la commune dans laquelle la taxe est exigible le récépicé du maire constatant que son vélocipède a été déclaré ;

2° En justifiant de son identité ou en versant le montant de la taxe.

LA FÊTE DES GYMNASTES

La vingt-sixième fête fédérale de l'Union des Sociétés de gymnastique de France a eu lieu les dimanche et lundi de Pentecôte favorisée par un temps magni- fique et en présence d'une foule immense, sur la piste du nouveau vélodrome municipal.

Depuis la Bastille jusqu'aux portes de l'annexe de l'Exposition, les curieux formaient, dès deux heures, une haie compacte. L'avenue Daumesnil était encombrée de voitures, d'omnibus, de bicyclettes et d'automobiles.

La journée de lundi a été particulièrement brillante. Aux portes de l'annexe de Vincennes, les marchands de tickets font des affaires d'or : jamais ils n'ont, jusqu'ici, été à pareille fête. Tout le monde se dirige vers le nouveau vélodrome municipal, vaste rectangle dont les deux grandes faces sont occupées par les tribunes; elles sont déjà bondées quand nous arrivons, à trois heures.

La tribune présidentielle, décorée de tentures à franges d'or, est placée au centre : déjà des gardes municipaux en grande tenue se tiennent sur chaque marche, attendant l'arrivée du Président. Vers trois heures, les diverses Sociétés de gymnastique, venant de l'Hôtel de Ville, où elles ont défilé devant le conseil municipal, arrivent successivement et vont se masser en ligne déployée, face à la tribune présidentielle.

A trois heures un quart, le Président de la République arrive en landau, avec le général André, Ministre de la Guerre, M. Leygues, Ministre de l'Instruction publique, et le général Bailloud. Dans un second landau avaient pris place M. Combarieu, M. Dejean, chef du cabinet du Ministre de l'Instruction publique, et les commandants Lamy et Bon, officiers d'ordonnance.

M. Cazalet, président de l'Union, et M. Lachaud, député de la Haute-Vienne, reçoivent le Président, pendant que la musique de l'Ecole d'artillerie joue la *Marseillaise*.

Sur la tribune présidentielle, prennent place, autour de M. Loubet et des personnes qui l'ont accompagné en voiture, MM. Decrais, Ministre des Colonies; de Selves, préfet de la Seine; Lépine, préfet de police ; général Kirgener de Planta, Bruman, colonel Dérué; lieutenant-colonel Balck, commandant l'Ecole de gymnastique de Stockholm ; Bouvard, Mollard, directeur-adjoint du protocole ; Picard, commissaire général de l'Exposition ; Delaunay-Belleville, Sansbœuf, Mérillon, et de nombreux officiers étrangers, parmi lesquels MM. les capitaines Holbeck, de l'armée danoise ; Karl Letterberg, comte Philippe de Schwerin, lieutenant au régiment de hussards du prince royal ; Emile Fick, Charles Hjorth, de l'armée suédoise ; lieutenant Bernstron, de la marine royale de Suède ; lieutenant Fersomden ; général Florentin, en civil ; le docteur Pierre Kouindjy et le docteur Heser.

Garde à vous !

A la sonnerie de « garde à vous », les drapeaux des Sociétés qui forment la première ligne s'avancent, puis font un changement de direction à droite et à gauche, et vont se placer sur les deux petites faces du vélodrome.

Les gymnastes viennent ensuite et prennent leur place pour les mouvements d'ensemble; ils exécutent avec une parfaite correction les différents exercices ; on les leur fait même recommencer, aux applaudissements de la foule, pendant que jouent les musiques de l'Ecole d'artillerie, du 76e de ligne et l'harmonie de la Belle-Jardinière.

A ce moment arrivent MM. Grébauval, président du conseil municipal, et les membres du bureau, parmi lesquels M. Lepelletier. Ces messieurs vont prendre place sur la tribune présidentielle ; ils s'inclinent en passant devant M. Loubet.

Puis commence la série des discours. C'est d'abord M. Vallée, ancien président de l'Union, qui, s'adressant au chef de l'Etat, rappelle les services rendus par les Sociétés de gymnastique: c'est ensuite M. Cazalet, président de l'Union, qui, en tenant le drapeau fédéral, retrace à M. Loubet les différentes étapes des Sociétés, le remercie d'être venu à Vincennes — comme autrefois y venait saint Louis pour rendre la justice — y écouter librement, sans huissiers, les vœux des gymnastes.

M. Loubet, Président de la République, répond en quelques mots très simples; il s'intéresse beaucoup à l'œuvre des Sociétés de gymnastique qui forment pour l'armée des jeunes gens qui, plus tard, donneront l'exemple du patriotisme. Se tournant vers le Ministre de la Guerre, il assure le président de l'Union de la sollicitude du gouvernement.

Des applaudissements nourris et des acclamations accueillent ces paroles. En quelques mots, M. Sansbœuf, président d'honneur de l'Association des Sociétés de gymnastique de la Seine, se félicite d'assumer la garde du drapeau fédéral.

M. Leygues se lève ensuite pour remettre les décorations aux membres des diverses Sociétés.

Sont promus officiers de l'instruction publique : MM. Bican, de Paris; Puibaraud, de Nantes; Van der Verken, de Saint-Maurice; Zierer, de Rouen.

Sont nommés officiers d'académie : MM. Barbier, Benavent, Covile, Dupont, Guillaume, Mignot, Langlois, Lavau, Morin, Picon, Pin, Pouzadoux, Vacquier, Bernard.

M. Loubet attache lui-même la rosette ou le ruban à chacun des nouveaux décorés et leur serre la main. Puis M. Loubet remet à M. Pitet une médaille d'or.

L'Ecole de Joinville.

C'est ensuite le tour de l'Ecole normale de gymnastique, jusqu'ici dissimulée derrière les gymnastes. Sous le commandement d'un adjudant, les élèves de Joinville s'avancent au pas cadencé et sont accueillis par des applaudissements et des cris de « Vive l'Ecole de Joinville ! » Ils s'arrêtent tout à coup et, comme une envolée de moineaux, s'échappent de tous côtés pour prendre leur place. En un clin d'œil, ils sont alignés et ont pris leurs intervalles.

Ils exécutent de façon magistrale les divers mouvements d'assouplissement, de flexions du corps, et de bâton.

Puis laissant de côté les bâtons, ils viennent se grouper en demi-cercle, face à la tribune, et sous la direction d'un des leurs entonnent un chœur, les *Enfants de Paris*. Tout cela militairement, sans heurts, sans longueurs.

Courant ensuite à leurs armes, ils reviennent devant la tribune exécuter l'escrime à la baïonnette, le maniement d'armes parfait de rigueur et de correction.

Puis, l'Ecole défile devant le Président de la République qui fait appeler le commandant de Joinville pour le féliciter.

C'est la fin; M. Loubet et les ministres se lèvent. Le landau présidentiel est avancé.

Le vélodrome et l'annexe se vident peu à peu. Hier soir, à neuf heures, les présidents des Sociétés de gymnastique ont été reçus à l'Hôtel de Ville par le conseil municipal.

BIBLIOGRAPHIE

La 8e édition de la *Carte Vélocipédique des Environs de Paris*, par notre distingué collègue M. L. Duchêne, vient de paraître.

Cette carte comprend, en une seule feuille, tous les environs de Paris dans un rayon moyen de 40 kilom. ; elle est d'une exactitude parfaite et d'une clarté qui en rend l'emploi des plus agréables.

*
* *

Le docteur Hallopeau, médecin à l'hôpital Saint-Louis a publié en collaboration avec le docteur Leredde, chef du laboratoire de dermatologie de cet établissement un travail intitulé : *Traité pratique de dermatologie*. (Ballière, Paris.)

Cette étude est indéniablement la plus complète qui ait été écrite sur cette matière. Elle est accompagnée de planches coloriées, véritables chefs d'œuvre artistiques, qui présentent, outre le type, les colorations caractéristiques des affections du ressort de la dermatologie, de ces maladies, en un mot, dont les métamorphoses et les évolutions diverses sont si fréquentes et qui font si souvent le désespoir du praticien inexpérimenté.

*
* *

On comprend aisément que, dans les cas d'urgence de traumatismes graves résultant d'un accident de chemin de fer ou d'un crime, par exemple, cas où le salut du malade dépend en grande partie de la prompte intervention du clinicien, la technique opératoire soit quelque peu modifiée de celle qui est enseignée par les maîtres et qui est pratiquée par eux, à loisir, pour ainsi dire dans les cliniques hospitalières.

D'où un véritable enseignement auquel s'est consacré avec le plus légitime succès le docteur Félix Lejars, professeur agrégé de la Faculté de Paris, et dont il a assemblé les éléments en une étude très complète. — *Traité de chirurgie d'urgence* (Masson, Paris.)

*
* *

Nous venons de lire une étude physiologique et pratique intitulée « le Corset », due à Mme Gaches-Sarraute.

docteur en médecine de la Faculté de Paris et médecin de l'Opéra et de l'administration des postes.

Le corset, tel qu'on le construit et qu'on l'applique aujourd'hui, constitue, au dire de tout le monde, une entrave aux plus importantes fonctions vitales. Il n'a d'autre but, dit l'auteur, que de donner au buste de la femme la forme des mannequins fabriqués en gros dans les ateliers spéciaux.

C'est contre cet errement que Mme Gaches-Sarraute proteste.

Partant de ce principe que les parois qui protègent l'estomac et les poumons doivent être libérées de tout lien, elle a pensé qu'en dégageant complètement le buste et en faisant supporter au bassin le poids des vêtements inférieurs et du corset, on pouvait créer un appareil destiné à embrasser et à soutenir la région hypogastrique et à respecter les fonctions physiologiques.

* *

Le docteur Bayeux, ancien interne des hôpitaux, publie une intéressante étude, la plus complète, sans contredit, qui ait été écrite sur cette matière de « la diphtérie depuis Arctée le Cappadocien jusqu'en 1894 ». (Carré et Naud.)

L'auteur, dans son travail admirablement documenté, fournit, outre les résultats statistiques de la sérumthérapie sur 23,000 cas, d'importants renseignements, tous de la plus grande utilité pour le clinicien, sur le tubage du larynx, l'instrumentation et la technique.

Le docteur G. Carrière a publié chez Ballière un livre fort intéressant intitulé : *La santé, la propreté et les bains-douches au point de vue hygiénique et social.*

Ouvrage très documenté et digne d'être recommandé.

Chasse et pêche en France, par L. Doppe, directeur honoraire de l'Ecole nationale forestière, membre du conseil supérieur de l'agriculture, avec figures et graphiques en couleur. (Chez Berger-Levrault.)

Manuel juridique des maladies contagieuses des animaux domestiques, avec un formulaire et un commentaire de la législation sanitaire, par Félix Mercier avec la collaboration de M. Ernest Dubos. (Marchal et Billard.)

La « Chasse moderne ».

On ne peut certes pas dire que nous ayons manqué jusqu'ici de livres sur la chasse. Le contraire serait plutôt la vérité. Les traités, les dissertations cynégitiques abondent, mais quelques-uns sont vétustes, je veux dire trop anciens, et, pour cette raison, aussi curieux à parcourir que peu utiles à consulter; d'autres, et c'est le cas du plus grand nombre, poussent à leurs plus extrêmes limites le caprice des spécialisations, pour ne pas dire des manies individuelles... de telle sorte que le livre précis, positif, actuel, sur la chasse en général et tous les genres de chasse usités en particulier, pouvant intéresser également tous les chasseurs, était encore à paraître.

Je suis persuadé de faire un grand plaisir à nos lecteurs en leur annonçant que cette lacune, si regrettable et qui ne leur a certes pas échappé, est maintenant comblée, et, j'en suis certain, ils goûteront une joie des plus vives en feuilletant la *Chasse moderne*, le livre superbe qui vient d'être édité par la librairie Larousse et qui n'est ni plus ni moins qu'un monument spendide élevé au plus noble et complet des sports par ses disciples les plus fervents et les plus illustres.

Tout ce qu'un chasseur a le besoin urgent et peut souhaiter de connaitre est étudié, présenté, j'allais dire aussi suggéré magistralement dans la *Chasse moderne* par des écrivains merveilleusement qualifiés, qui signent: Henry Adelon, vicomte Emile de La Besge, Gustave Canet, comte Justinien Clary, Cunisset-Carnot, baron de Dardolot, Edouard Foà, Charles Fricaud, Gastinne-Renette, Henri Journu, Roger Laurent, Leddet, Gaston Legrand, Charles Marsillon, Pierre Mégnin, Michel Carré, Pierre-Amédée Pichot, vicomte Edmond de Poncins, comte Henri de la Porte, Roulier, baron de Vaux, docteur Fernand Verchère, Gustave Voulquin.

J'ajoute que la *Chasse moderne* est illustrée de 438 gravures, exécutées avec le plus grand soin et qui ajoutent aux attractions du texte une puissance de séduction peu commune.

GUIDE CYCLISTE DES VILLES D'EAU. — Taride, Editeur, Paris. Prix .... 1 fr. 25

Les cyclistes et les chauffeurs qui se rendent dans une ville d'eaux, pour suivre un traitement ou pour accompagner leur famille, trouveront dans ce volume rédigé à leur intention, les renseignements nécessaires au sujet des excursions à faire dans les environs.

Ce guide, très pratique et peu encombrant, n'entre pas dans des détails sur les curiosités ou les monuments intéressants, détails inutiles, puisque ces renseignements se trouvent très complets dans les guides ou les brochures locales. En revanche ce petit opuscule indique succinctement, mais très exactement, les routes à prendre pour les visiter, les difficultés du terrain et les distances.

Avec un frein solide à sa machine, une bonne carte au 1/80 ou au 1/200 et son guide en poche, le cycliste ennemi des distractions banales des casinos et avide de grand air saura désormais comment employer ses loisirs.

La peste, dans les temps anciens et modernes et son avenir en Europe, par le docteur Ph. Hauser (J. Rueff, éditeur).

Cette brochure de 114 pages mérite d'appeler l'attention non seulement du public médical, mais aussi de tous ceux qui s'intéressent aux questions d'hygiène publique et de tous ceux qui veulent être renseignés, sur le danger qu'il y a pour l'Europe d'une nouvelle invasion de la peste.

Un nouveau journal

Le « New-York Times » de Paris.

Il a été procédé à l'Exposition, aux Invalides, à l'inauguration d'un modeste pavillon américain situé en face de la rue Saint-Dominique, entre le trottoir roulant et le Palais des industries diverses. Le clou de cette inauguration était le tirage du premier numéro d'une édition spéciale : « Paris-Exposition », que fait à l'occasion de la grande foire universelle notre grand confrère américain « The New-York Times ».

Cette inauguration était aussi la première mise en service d'une machine d'impression qui constitue à elle seule une des merveilles mécaniques de l'Exposition. Cette presse géante laisse bien loin derrière les machines déjà si perfectionnées qui provoque l'ébahissement des badauds de la rue Montmartre à l'heure du tirage de journaux ; elle donne une impression exacte de l'extraordinaire puissance, du prodigieux développement pris par la presse d'outre-Atlantique, de cette débauche de copie, d'informations, de ce reportage rapide, intensif, ignoré chez nous, si travaillé par delà l'Océan.

La machine, qui sort des ateliers de la Compagnie « The Goss Printing Press », de Chicago, est faite pour tirer à raison de 30,000 exemplaires à l'heure, un numéro de 32 pages. Vous lisez bien : trente-deux pages du format d'un journal quotidien, sur 7 colonnes.

Huit dévidoirs de papier sont fixés à l'arrière du géant ; ces huit rubans de papier filent dans un ronflement, parmi un amoncellement de rouleaux encreurs et de cylindres, se rejoignent à l'extrémité de la machine et sortent coupés, pliés, prêts à vendre avec leur 224 colonnes d'impression.

Lorsque parut le premier numéro, de formidables hurrahs ! hurrahs ! s'élevèrent dans le pavillon, où nous n'aperçûmes nul confrère de la presse parisienne.

En tête de ce numéro, un article en français, consacré à la gloire de M. Picard et de ses collaborateurs. Pour le reste, des morceaux de câblogrammes, des articles immenses sur tout : l'art, le théâtre, l'industrie, la science, le sport, que sais-je ? articles composés les uns à Paris par des linotypes, naturellement, les autres à Londres d'où on les expédie.

L'édition spéciale du « New-York Times » est quotidienne. Elle paraîtra pendant toute la durée de l'Exposition.

Un lunch a terminé l'intéressante petite fête.

La Mode et l'Automobile.

Il n'est plus de bon goût de circuler dans Paris en automobile le chef coiffé de la casquette classique, celle consacrée par la chanson, les revues et la vogue. L'élégance actuelle — et nous estimons qu'elle est rationnelle — est, pour un chauffeur, de ne point se distinguer par l'extérieur du reste de l'humanité, ce qui a d'autre part l'avantage de ne point le faire confondre avec les chauffeurs professionnels, les chauffeurs d'occasion et les chauffards, qui ont pris la casquette comme signe de ralliement corporatif ; sans compter les pédards qui ont discrédité ladite coiffure en la mettant à la portée de toutes les têtes, et les simili-chauffeurs qui, n'ayant pas l'engin, se contentent de l'insigne. Quand on n'a pas ce qu'on veut, on prend ce qu'on a.

* * *

Voici d'ailleurs les déclarations qu'a faites à ce sujet un chauffeur qui, au point de vue élégance, fait autorité dans les milieux du pétrole.

— La casquette est aujourd'hui tombée dans le domaine commun. Conducteurs de fiacres, de cabs, électriques ou à pétrole, les chasseurs de cafés, de restaurants ou d'hôtels, en sont pourvus ; elle est devenue si vulgaire qu'on risque à tout coin de rue de passer pour un mécanicien. C'est pourquoi il a été jugé de bon ton de renoncer à la casquette dans Paris. On la réserve pour le grand tourisme, pour la course ou pour les plages, où avec l'habit elle est tolérée comme coiffure décente. Mais dans Paris... quittez votre voiture et vous passez pour un chasseur qui aurait oublié sa livrée.

* * *

Cette évolution dans la mode a du reste un précédent. La casquette cycliste a eu son heure d'élégance. Aujourd'hui, elle est mal portée dans les rues de Paris et au Bois, où on lui préfère le chapeau melon et les feutres de toutes formes et de toutes couleurs.

Elle est, au contraire, parfaite pour les grandes routes, et admise même sur les plages ou dans les stations thermales.

Chaque chose a son temps et son lieu.

La réglementation des automobiles.

M. Pierre Baudin, Ministre des Travaux publics, a entretenu le Conseil des délibérations de la commission supérieure chargée de la réglementation des automobiles qu'il a convoquée d'urgence à la suite de l'accident de Saint-Germain.

Cette commission a reconnu la nécessité de modifier le décret de 1896, en vue d'y introduire des dispositions de nature à donner des garanties de sécurité plus sérieuses.

Le Ministre de l'Intérieur et le Ministre des Travaux publics vont rendre à bref délai un décret conforme aux conclusions de la commission.

Parmi les mesures nouvelles qui vont être prescrites nous citerons les suivantes :

La vitesse des automobiles dans les centres urbains ne pourra pas dépasser 8 kilomètres chiffre fixée pour les voitures attelées de chevaux.

Les voitures automobiles capables d'une vitesse de plus de 30 kilomètres devront être munies d'un numéro d'ordre en gros chiffres de manière à le rendre très apparent.

Les courses d'automobiles qui actuellement sont libres devront désormais être autorisées préalablement par l'administration préfectorale.

NOTRE BIBLIOTHÈQUE

Ces volumes sont envoyés par nos soins aux prix marqués. — Joindre **25** *centimes par ouvrage pour la poste.*

L'Art de se défendre dans la rue (*Boxe, Lutte, Canne, Bâton*), par Emile André...	2	»
L'Art de la Boxe française et de la Canne, de J. Charlemont, édition de luxe.........	10	»
L'Automobile théorique et pratique, de Baudry de Saunier........	9	»
Le Carnet du Chauffeur, par le comte de La Valette........	2	»
Collection vélocipédique Barenne, 6 séries; la série : 30 centimes; les 6 séries..	1	50
Collection des Guides Flammarion, le volume	1	»
Annuaire général de l'Automobile et des industries qui s'y rattachent, de Thévin et Oury, le volume........	10	»
Annuaire français de l'Aviron........	1	25
(franco poste)........	1	50
Environs de Paris (grande carte à 80 kilomètres, en 3 couleurs, au 1/100.000^e^), de Taride. Chaque feuille séparée, sur papier	»	75
La même, pliée et sur toile........	2	50
Environs de Paris (nouvelle carte à 45 kilomètres, en 3 couleurs, au 1/80.000^e^), de Taride. Les 4 feuilles........	1	25
Le Livre d'or du Sportsman, par le comte de Mirabal........	12	»
L'Almanach des Sports, 1900 (directeur : Maurice Leudet)........	1	25
Annuaire général de la Vélocipédie et des industries qui s'y rattachent, de Théven et Oury, le volume........	10	»

Tirage justifié : **20.000** *exemplaires.*

Le Gérant : Jules VINCENT.

X. PERROUX, IMPRIMEUR, PARIS.

www.ingramcontent.com/pod-product-compliance
Lightning Source LLC
LaVergne TN
LVHW010014230826
846092LV00002B/809